HEYNE ‹

AF197119

Über den Autor

Dave Engledow ist nicht offiziell Träger des Titels *World's Best Father*. Aber er hat das Leben seiner Tochter über zwei Jahre lang in den herrlichsten Momenten fotografisch begleitet, sodass jeder sehen kann, wie nah Dave Engledow dieser Auszeichnung mittlerweile ist. Der hauptsächliche Teil der Arbeit an diesem Buch fand nachts statt – nachdem Alice schließlich eingeschlafen war. Dave Engledow ist Fotojournalist und lebt mit Frau und Kind bei Washington, D.C.

DAVE ENGLEDOW

Papa allein zu Haus

77 DINGE, VON DENEN MAMA NICHTS WISSEN DARF

Aus dem Amerikanischen von Elisabeth Schmalen

Wilhelm Heyne Verlag
München

Die Originalausgabe erschien 2014 unter dem Titel
Confessions of the World's Best Father bei Gotham Books, USA.

Verlagsgruppe Random House FSC® N001967
Das für dieses Buch verwendete FSC®-zertifizierte Papier
Profibulk von Sappi liefert IGEPA.

2. Auflage

Taschenbucherstausgabe 05/2015
Umschlaggestaltung: Nele Schütz Design, München, unter Verwendung
eines Fotos von © Dave Engledow
Innenfotos: © Dave Engledow
Satz: EDV-Fotosatz Huber/Verlagsservice G. Pfeifer, Germering
Druck und Bindung: Print Consult GmbH, München
Printed in Slovenia.

ISBN: 978-3-453-60360-8

www.heyne.de

Für Jen und Alice Bee

TAG 1

Heute haben wir unsere wunderschöne kleine Tochter aus dem Krankenhaus mit nach Hause genommen. Alice Bee. Ich kann noch immer nicht glauben, wie toll sie ist – so unglaublich niedlich und winzig.

Sie macht noch gar nicht viel – meistens schlummert sie süß und leise vor sich hin, und manchmal wacht sie auf und verschwindet für einige Zeit unter Jens Shirt. Bisher ist das Vaterdasein ein Kinderspiel, und ich bin bereit, dem Spruch auf dem neuen Kaffeebecher, den Jen mir heute Morgen geschenkt hat, alle Ehre zu machen.

TAG 66

Anscheinend ist Vatersein nicht ganz so einfach und zauberhaft, wie es im Fernsehen aussieht. In den neun Wochen, die Alice Bee bisher bei uns ist, hat sie in einer Tour zu allen Tages- und Nachtzeiten geschrien, gepinkelt und gekackt, was meinen Alltag völlig aus dem Lot gebracht hat.

Alice Bees konstantes Bedürfnis nach Zuwendung führt außerdem dazu, dass wir nicht mehr wie gewohnt zum Einkaufen kommen, deshalb war heute Morgen keine Milch für den Kaffee mehr da. Zum Glück habe ich hinten im Kühlschrank einen Milchvorrat gefunden, den Jen für Alice Bee angelegt hat. Ich muss sie mal fragen, wo sie das Zeug her hat – es war ein bisschen süßer und dicker als unsere normale Milch, aber mein Kaffee schmeckte großartig.

TAG 199

Seit meinem letzten Eintrag sind mehrere Monate vergangen, und ich kann voller Freude verkünden, dass sich die Lage in unserem Haushalt deutlich verbessert hat. Ich lese jetzt wieder jeden Tag den Sportteil und trinke eine Tasse Kaffee dazu, und die Milch aus den Flaschen, die Jen für Alice Bee abfüllt, hat die Milch, die ich sonst verwendet habe, vollständig ersetzt.

Doch die beste Neuigkeit ist, dass Alice Bee jetzt schon viel besser auf sich selbst aufpassen kann, wenn Jen nicht da ist. Um diese neu erworbene Unabhängigkeit zu feiern, habe ich Alice Bee erlaubt, ein kleines Sortiment altersgemäßer Feuerwerkskörper zu kaufen (wir haben uns darauf geeinigt, uns die Raketen und die Chinaböller für ihren dritten Geburtstag aufzusparen).

TAG 211

Jen ist für ihre Arbeit beim Militär eine Woche lang auf Dienstreise. Sie behauptet, das habe sie mir schon mehrmals mitgeteilt, aber sie erwähnt so etwas gern beiläufig, während ich den Sportteil lese, was dazu führt, dass ich gelegentlich, naja: immer vergesse, was sie mir erzählt hat.

Jen lässt mich nicht nur eine ganze Woche lang mit Alice Bee allein, sondern hat es auch versäumt, klare Anweisungen zu hinterlassen, wie und womit man ein Baby füttert. Und noch schlimmer ist: Ich war deshalb so gestresst, dass ich den Kaffeekonsum drastisch erhöhen musste, sodass wir den Milchvorrat für Alice Bee schon am Ende des ersten Tages aufgebraucht hatten.

Ich erinnere mich vage daran, dass Jen vor ein paar Wochen mal davon gesprochen hatte, Alice Bee an »feste Nahrung« zu gewöhnen, und was könnte eine solidere Grundlage für den Tag bilden als ein deftiges Frühstück mit Steak und Eiern? Alice Bee hat letzten Endes allerdings nur die Kartoffeln gegessen, weil die beste Mutter der Welt ihr anscheinend noch nicht beigebracht hat, mit Messer und Gabel zu essen.

TAG 226

Wir sind mittlerweile seit sechs Tagen allein, und heute Morgen ist mir aufgefallen, dass Alice Bee deutlich schmuddeliger ist, als wenn Jen da ist.

Anfang der Woche habe ich eine Technik perfektioniert, von der ich glaubte, sie würde das Wickeln revolutionieren – ich habe einfach jeden Morgen eine neue Windel über die alte gezogen und habe es so geschafft, dass meine Hände tagelang nicht mit Kacke in Berührung gekommen sind. Doch nun befürchte ich, dass ich das Unvermeidliche nur aufgeschoben habe.

Da Jen es auch versäumt hatte, mir genaue Anweisungen zu hinterlassen, wie man ein Baby badet, musste ich es selbst herausfinden. Ich erinnerte mich vage daran, irgendwo gelesen zu haben, dass Babys selbst in fünf Zentimeter tiefem Wasser ertrinken können, weshalb die Badewanne natürlich nicht in Frage kam. Zum Glück fiel mir wieder ein, dass unsere Waschmaschine einen sogenannten »Schonwaschgang« hat, also genau das Richtige für jemanden mit so zarter Haut. Ich zog Alice Bee bis auf die ursprüngliche Windel aus und schaffte es, dass sie pünktlich zu Jens Heimkehr wieder blitzsauber war.

TAG 240

Jen liest einen Stapel Bücher über Kindesentwicklung, in denen es um Richtwerte und Meilensteine für Babys geht. Sie beteuert, dass Alice Bee in fast jeder Hinsicht alle Erwartungen erfüllt, aber ich bin mir nicht sicher, ob diese Bücher alle Fähigkeiten abdecken, die Alice Bee meiner Meinung nach brauchen wird, um so erfolgreich wie ihr Vater zu werden.

Jen hat bestimmt nichts dagegen, dass ich unser gemeinsames Sparkonto geplündert habe, um ein paar neue Entwicklungs- oder Erziehungsspielzeuge zu kaufen – nur das Beste für unsere Kleine.

Heute war wirklich ein großartiger Tag. Alice Bee und ich haben den ganzen Nachmittag zusammen verbracht und grundlegende Fähigkeiten trainiert, wie zum Beispiel ihre Zuckreflexe, wie man im Sechs-Sterne-Fahndungslevel vor der Polizei flüchtet und wie man eine Schrotflinte umrüsten muss, um damit Zombies zu töten.

TAG 246

Normalerweise finde ich es total ätzend, mich rasieren zu müssen. Ich glaube, ich bin in den letzten zehn Jahren genau zwei Mal glatt rasiert gewesen – einmal für Jen bei unserer Hochzeit und das andere Mal für das Vorstellungsgespräch bei meinem momentanen Arbeitgeber (zwei Menschen, die sich jetzt wahrscheinlich beide wundern, was aus dem jugendlich wirkenden Typen geworden ist, den sie damals vor Jahren kennengelernt haben).

Trotz meiner Abneigung gegen die ganze Prozedur wollte ich Alice Bee das traditionelle Vater-Tochter-Erlebnis des Rasierenlernens natürlich nicht vorenthalten, und jetzt, wo sie alt genug ist, um mir zu helfen, ist das Rasieren vielleicht nicht mehr ganz so fürchterlich. Sie findet es toll, im Schaumwasser zu spielen, und ist ziemlich gut darin, mir die nötigen Hilfsmittel anzureichen. Und: Wenn sie beim Rasieren dabei ist, fühle ich mich, als wäre ich Teil eines Norman-Rockwell-Bildes.

TAG 248

Heute Morgen hieß es im Fernsehen, dass eine Unwetterfront auf uns zukommt. Ich mochte stürmische Tage schon immer und freue mich sehr darauf, diese neue Erfahrung gemeinsam mit Alice Bee zu machen.

Den Vormittag verbrachte ich damit zu planen, welche Vorbereitungen für den bevorstehenden Sturm getroffen werden müssen, und die Aufgaben zu verteilen. Ich schickte Jen los, damit sie Vorräte einkaufte (Batterien, Mayonnaise, Wasser und Toilettenpapier), während Alice Bee und ich die Maßnahmen rund um unser Haus übernahmen.

Ich schaffte es problemlos, im Hausinneren alles rechtzeitig fertig zu bekommen, und jetzt, wo es anfängt zu regnen, habe ich eine tolle Überraschung für Alice Bee: Eine Tasse warmer Kakao, ihr Lieblingskuscheltier und eine gemütliche Decke warten hier auf sie. Ich hoffe nur, dass sie bald auftaucht!

TAG 251

Ich bin gerade das erste Mal seit Alice Bees Geburt dienstlich unterwegs, und heute war einer der zermürbendsten Reisetage meines Lebens.

Es fing damit an, dass ich offensichtlich nicht mehr so fit bin wie früher – ich schaffte es kaum, mein Handgepäck in die Ablage im Flugzeug zu heben. Ich muss wohl zu viel hineingepackt haben, da es ewig dauerte, bis ich die Klappe der Ablage schließen konnte. Außerdem hat die Trennung von Alice Bee bei mir anscheinend eine Art Trauma ausgelöst, denn während ich im Flugzeug versuchte zu schlafen, hatte ich die ganze Zeit das Gefühl, ich hörte sie weinen.

Als ich schließlich in meinem Hotelzimmer angekommen war, erhielt ich eine verzweifelte Nachricht von Jen, in der stand, dass Alice Bee schon den ganzen Tag verschwunden sei. Ich bin noch keine 24 Stunden weg, und schon läuft ohne mich alles aus dem Ruder.

TAG 258

Ich liebe S'mores. Schon bevor ich Vater wurde, stellte ich mir manchmal vor, wie wundervoll es wäre, meinen Nachwuchs mit dem klebrigen, schokoladigen, crackerigen Genuss eines perfekt geschichteten S'more vertraut zu machen. Doch Jen pocht darauf, dass Alice Bee noch zu jung zum Zelten ist.

Aber heute hatte ich eine Erleuchtung. Ich könnte Alice Bee im sicheren Umfeld unseres Gartens beibringen, wie man S'mores macht, über einem Grill statt einem gefährlichen Lagerfeuer.

Ich war richtig stolz – sie hatte ganz schnell heraus, wie man die Marshmallows mit dem spitzen Stock aufspießt, den ich ihr zurechtgeschnitzt hatte. Doch das Grillfeuer, das sie entfacht hatte, war nicht annähernd groß genug, um die Marshmallows ordentlich zu rösten, was mir die perfekte Gelegenheit bot, ihr die magischen Eigenschaften von flüssigem Grillanzünder vorzuführen.

TAG 267

Der heutige Tag begann wie jeder andere auch – ich wachte zur üblichen Zeit auf, machte mir einen Kaffee, las den Sportteil und war gerade auf dem Weg, das Haus sogar zwei Minuten früher als geplant zu verlassen, als ich hörte, wie oben jemand weinte. Erst da fiel mir wieder ein, dass ich heute an der Reihe war, Alice Bee in den Kindergarten zu bringen.

Hektisch zog ich sie an, schnallte sie im Kindersitz fest und eilte mit ihr zum Auto. Als ich die Autotür aufmachte, machte sich zum Glück meine exzellente Beobachtungsgabe bemerkbar, und ich sah, dass Alice Bee noch keine Schuhe anhatte. Ich rannte zurück ins Haus, schnappte mir die Schuhe, sprang ins Auto und drückte das Gaspedal durch. Während der Fahrt hatte ich das nagende Gefühl, noch etwas anderes vergessen zu haben, aber es kann nicht so wichtig gewesen sein, da Alice Bee die ganze Zeit nichts von sich hören ließ.

TAG 281

Einer der unerwarteten Vorteile, wenn die Ehefrau als Chemikerin beim US-Militär arbeitet, ist die unendliche Auswahl an coolen Gerätschaften, die bei uns zu Hause herumliegen. Als Zivilist darf ich Jens Sachen natürlich unter keinen Umständen anrühren oder damit spielen, aber manchmal kann ich einfach nicht widerstehen … vor allem, wenn einige dieser Hilfsmittel so optimal für den Vater eines Babys geeignet sind.

TAG 302

Oh, Mann. Heute Morgen hat Jen herausgefunden, was mit den Spezialflaschen mit Milch passiert, die sie für Alice Bee im Kühlschrank deponiert. Ich habe mich in den letzten sechs Monaten sehr bemüht, wieder auf normale Milch umzusteigen, aber ich schaffe es einfach nicht.

Heute Morgen kam es zu einer Krise, als Jen entdeckte, dass keine Milch für Alice Bee im Kühlschrank war. Ich bot ihr sofort an, in den Laden zu gehen und Nachschub zu kaufen (in der Hoffnung, dass sie mir endlich die Quelle verraten würde), aber ohne Erfolg. Sie murmelte etwas wie: »Du hast wirklich keine Ahnung, wie viel Zeit und Mühe ich darin investiere, Alice Bee bestmöglich zu ernähren, oder?« und stürmte davon. Ernsthaft, wie schwer kann es sein, Milch in eine Babyflasche zu füllen?

Doch heute Abend wurde mir dann wieder klar, warum meine Frau der beste Mensch ist, den ich kenne. Als ich den Kühlschrank öffnete, um Alice Bee eine ihrer Spezialflaschen zu geben, entdeckte ich, dass Jen fürsorglich auch ein paar Spezialflaschen nur für mich besorgt hatte.

TAG 309

Meine vorherigen Erfahrungen als Vater beschränkten sich darauf, dass ich mehr als sieben Jahre lang Besitzer eines Hundes war. Da ungefähr 99 Prozent der Methoden, die wir bei Big Earl angewandt hatten, auch einwandfrei bei Alice Bee funktionieren, finde ich die seltenen Fälle, in denen sich ein menschliches Kind von einem Welpen unterscheidet, total faszinierend.

Ein Beispiel: Ich bin mir ziemlich sicher, dass alle Hunde Angst vor Staubsaugern haben. Earl verkroch sich jedes Mal unter unserer Bettdecke, wenn wir uns nur dem Schrank näherten, in dem der Staubsauger stand. Ich hielt es für eine logische Schlussfolgerung, dass Alice Bee die gleiche natürliche Abneigung empfinden würde.

Doch heute machte ich die erfreuliche Entdeckung, dass ich Alice Bee in dieser Hinsicht die ganze Zeit unterschätzt hatte. Als Jen mir befahl, das Chaos im Keller aufzuräumen, nahm ich Alice Bee mit, um zu schauen, ob sie mir helfen wollte, und ich fand schnell heraus, dass sie kein bisschen Angst vor dem Lärm hatte. Der Boden wurde gesaugt, und ich lernte, dass meine Tochter im Alter von elf Monaten schon weiter entwickelt ist als ein betagter Windhund.

TAG 317

Halloween! Laut Jen ist Alice Bee noch nicht alt genug, um mit mir auf Süßes-oder-Saures-Tour zu gehen, doch ihre geringe Große erweist sich als unschätzbarer Vorteil, als es darum geht, unseren diesjährigen Kürbis auszuhöhlen.

Am schlimmsten fand ich es immer, das schleimige, faserige Innere des Kürbisses herauszukratzen. Zum Glück passt Alice Bee perfekt hinein und schafft es problemlos, die Innenseite des Kürbisses so glatt zu schaben wie … nun ja, ihren eigenen Popo.

WORLD'S BEST FATHER

TAG 341

Thanksgiving ist die Zeit des Jahres, in der wir darüber nachdenken, wofür wir dankbar sind, und ich möchte Alice Bees erstes Mal in unserer Familie zu einem besonderen Erlebnis machen. Ich bin mir sicher, dass uns das heute gelingen wird!

Ich habe den ganzen Vormittag damit verbracht, Alice Bee mit den qualmenden Freuden, eigenhändig einen Truthahn zu räuchern, vertraut zu machen, doch die größere Überraschung ist, dass ich ihr endlich einen anderen Traum erfüllen werde. Seit unserer Kürbisaktion im Oktober ist sie ganz besessen davon, den Umgang mit dem Messer zu lernen, doch ihre Mutter behauptet immer wieder, sie sei zu jung dafür. Doch ohne Jens Wissen (sie ist gerade nicht da, weil sie sich bei den Nachbarn für den Rauch entschuldigt) habe ich Alice Bee ein Elektromesser bestellt (die Elektrizität macht es sicherer als ein gutes altes Küchenmesser) – ihr wird heute die Ehre zuteil, den ersten Puter ihres Lebens anzuschneiden.

TAG 365

Ich wurde am 13. Dezember geboren, was bedeutet, dass mein Geburtstag die letzten 40 Jahre lang von dem größeren Fest, das 11 Tage später folgt, verdrängt und überschattet wurde. Und dann brachte Jen Alice Bee zu allem Unglück auch noch am 18. Dezember zur Welt – jetzt wird mein Tag also nicht nur von einem, sondern gleich von zwei wichtigen Feierlichkeiten in den Schatten gestellt.

Doch heute habe ich einen Trick entdeckt, der die nächsten neun Geburtstage etwas erträglicher für mich machen dürfte. Da ich genau 40 Jahre älter bin als Alice Bee, kann ich ihre Geburtstagstorte ganz einfach auch zu meiner machen.

TAG 371

Es gibt nur wenige Dinge, vor denen Alice Bee Angst hat, aber der Weihnachtsmann im Einkaufszentrum gehört anscheinend dazu. Heute ist Heiligabend, und Jen hat versucht, ein paar Fotos von Alice Bee und dem Weihnachtsmann zu machen. Doch aus irgendeinem Grund begann Alice Bee, sobald sie auf dem Schoß des dicken, haarigen Mannes im roten Mantel saß, unkontrolliert zu schreien und zu weinen, und sie wollte auch nicht aufhören, damit Jen ein schönes Bild für die Großeltern machen konnte.

Als wir wieder zu Hause waren und Alice Bee sich beruhigte, schenkte ich mir ein bisschen Weihnachtsfreude ein. Vielleicht habe ich es damit ein bisschen übertrieben, denn ich erlaubte Alice Bee bereitwillig, Feuerholz zu holen und ein knisterndes, weihnachtliches Feuer im Kamin anzuzünden, ohne auf die Idee zu kommen, dass sie dabei einen Hintergedanken verfolgte.

TAG 378

Ich hasse Silvester. Ich hasse es, zu wissen, dass ein weiteres Jahr vorbei ist. Ich hasse es, bis Mitternacht aufzubleiben, nur um anderen Leuten im Fernsehen dabei zuzuschauen, wie sie mehr Spaß haben als ich. Was mir an Silvester gefällt, ist, Sekt zu trinken und meine Frau um Mitternacht zu küssen. Doch das meiste finde ich schrecklich.

Alice Bee hingegen freut sich dieses Jahr total auf Silvester. Sie ist davon überzeugt, dass das neue Jahr auf magische Weise um Mitternacht geboren wird, und kann es kaum erwarten, Jen und mir zu zeigen, dass sie viel größer und klüger ist als das neue Baby.

In Vorbereitung auf den großen Augenblick suchte Alice Bee ihre alten Milchflaschen zusammen und wollte sie wegwerfen, um uns klarzumachen, dass sie wirklich kein kleines Baby mehr ist. Doch ich hatte eine viel bessere Idee, und sie fand es toll, ihre Flaschen einem viel erwachseneren Zweck zuzuführen.

TAG 386

Alice Bee liebt Obst. Frische Früchte, eingelegte Früchte, Fruchtgummi. Jen und ich haben Probleme, ihr irgendetwas anderes schmackhaft zu machen. »'ch will F'uch'gummi! 'ch will meh' Obs'!« ist im Grunde das Einzige, was sie im Moment von sich gibt.

Das hat solche Ausmaße angenommen, dass sie mittlerweile oft mit uns verhandeln will, wenn wir sagen, es sei genug, und manchmal greift sie sogar zu einer List, wenn sie glaubt, dadurch mehr Obst zu bekommen. Meistens bin ich ziemlich gut darin, diese amateurhaften Tricks zu durchschauen, aber heute hat sie mich überlistet.

Zunächst einmal wettete sie mit mir darum, wer die Farbringpyramide schneller zusammenbauen kann. Der Gewinner sollte einen Becher eingelegte Früchte bekommen. Ich war mir meiner Sache absolut sicher.

Fünf Sekunden nach den Startschuss sah ich ein, dass es durchaus von Nachteil war, dieses Spiel seit 40 Jahren nicht mehr gespielt zu haben. Alice Bee schlug mich haushoch – und ich musste ihr sogar zwei Becher Früchte geben, damit sie Jen das Ergebnis unseres Wettstreits verschwieg.

TAG 393

Alice Bee ist neuerdings völlig fasziniert von der Toilette, aber dabei geht es leider nicht um deren übliche Funktion. Nein, was unsere Tochter begeistert, ist die Frage, wie viele Dinge sie im Wasser versenken kann, bevor Jen oder ich ihr auf die Schliche kommen.

Ich hätte wissen müssen, dass etwas im Busch ist, als sie sich heute Nachmittag bereitwillig ohne jeden Widerstand zum Mittagsschlaf hinlegen ließ. Ich glaube, ich war so erleichtert darüber, mal ein bisschen Zeit für mich zu haben, dass ich nicht darüber nachdachte, wie seltsam es war, dass sie sich gar nicht gegen diesen normalerweise verhassten Teil des Tagesablaufs wehrte.

Doch ich stand gerade erst eine Minute unter der Dusche, als ich ein Platschen hörte. Als ich einen Blick ins Bad warf, sah ich, dass sie die Kloschüssel mit meinen wichtigsten Besitztümern gefüllt hatte.

TAG 400

Heute Nacht habe ich großartig geschlafen – ich bin gestern früh ins Bett gegangen und erst heute Morgen wieder aufgewacht. Als ich Jen jedoch heute Morgen fragte, warum sie so müde aussah, wurde sie aus unerklärlichen Gründen wütend und meinte: »Warum übernimmst du es nicht diese Woche, Alice Bee ins Bett zu bringen, wenn du es für so einfach hältst?« Dann stürmte sie davon.

Okay, die gute Nachricht für Jen ist, dass ich das Problem erkannte, sobald ich Alice Bee heute Abend in ihr Kinderbett legte. Statt wie ein normaler Mensch direkt einzuschlafen, fing sie sofort an zu schreien und zu weinen und versuchte, wieder hinauszuklettern.

Jen ist bestimmt total glücklich, wenn ich ihr von der neuen Ins-Bettbring-Strategie erzähle, die ich entwickelt habe, um Alice Bees mangelnde Kooperation in den Griff zu bekommen. Dank geräuschunterdrückender Kopfhörer, einer Tasse Kamillentee und dem besten Liebesroman aller Zeiten gelang es mir problemlos, alle Ablenkungen zu ignorieren, und es dauerte nicht lange, bis ich neben dem Kinderbett einschlief.

TAG 407

Jen will, dass ich *noch* mehr Aufgaben im Haushalt erledige. Sie erwartet nicht nur von mir, dass ich meine Kleidungsstücke nicht auf dem Boden herumliegen lasse und die Toilettenspülung benutze, sondern erklärt auch noch, dass sie keine Zeit habe, den Rasen zu mähen *und* zu bügeln, und dass ich mich entscheiden solle, welche dieser Aufgaben ich übernehme. Wenn ich mir nichts einfallen lasse, könnte das meinen Alltag ganz erheblich beeinträchtigen.

TAG 414

Wie sich herausstellte, war die Verteilung der Aufgaben gar kein Problem. Der Rasen sieht super aus, da Jen ihn regelmäßig mäht, und ich schaffe es immer noch, den Sportteil zu lesen, weil Alice Bee mir beim Bügeln hilft.

TAG 419

Alice Bee hat im Fernsehen eine Werbung für eine Puppe gesehen, die mit einer Schere geliefert wird, damit man ihr die Haare schneiden kann – ein Spielzeug für Kinder ab vier. Sie wünschte sich diese Puppe von ganzem Herzen, aber Jen erklärte ihr nachdrücklich, sie sei eben noch nicht alt genug. Es hat mir das Herz gebrochen, Alice Bee so weinen zu sehen, aber Jens Regeln werden nicht gebrochen.

Die ganze Woche über flehte Alice Bee uns an, sie den Umgang mit der Schere üben zu lassen, aber ihre Mutter lässt sich nicht erweichen. Selbst heute Morgen, auf dem Weg nach draußen, um den Rasen zu mähen, machte Jen mir unmissverständlich klar: »Lass Alice Bee nicht mit der Schere spielen!«

Zum Glück bin ich auf eine brillante Lösung gekommen, die sowohl Alice Bees momentaner Begeisterung fürs Haareschneiden als auch Jens Anweisung gerecht wird. Eine Haarschneidemaschine ist definitiv keine Schere, und ich brauchte sowieso mal wieder einen Haarschnitt, da Jen mich ausdrücklich gebeten hatte, auf dem Militärball heute Abend schick auszusehen.

TAG 428

Ich bekomme ständig Ärger dafür, Chaos in der Küche angerichtet zu haben, auch wenn ich gar nicht schuld war.

Zum Beispiel heute. Jen wollte joggen gehen und war schon halb in der Tür, als sie mich bat, auf Alice Bee aufzupassen. Wenn Jen 45 Minuten aus dem Haus ist, heißt das natürlich, dass Dave ein Eis zum Frühstück kriegt, also lief ich sofort in die Küche zum Gefrierschrank. Ich schwöre, dass ich der Küche nur etwa 30 Sekunden lang den Rücken zugekehrt habe, doch als ich mich mit einem Eis in der Hand wieder umdrehte, stellte ich fest, dass Jen früher zurückgekommen war und nun in der Tür stand, die Hände in die Hüften gestemmt, während die Küche aussah wie ein Saustall und Alice Bee ganz still im Wohnzimmer saß und mit Bauklötzen spielte. Ich habe keine Ahnung, was passiert war, aber ich musste trotzdem den ganzen Vormittag damit verbringen, die Küche zu putzen.

TAG 434

Eine verschwundene Trittleiter in Kombination mit Jens Beharren darauf, dass ich alle durchgebrannten Glühbirnen im Haus austauschte, lieferten endlich eine Antwort auf die Frage: »Wie viele Engledows braucht man, um eine Glühbirne zu wechseln?«

TAG 442

Anscheinend wollen Alice Bees Verwandte auf beiden Seiten der Familie unbedingt, dass sie Rennfahrerin wird. Ihre Verwandten aus Kalifornien schicken unserer ganzen Familie jedes Jahr zu Weihnachten entsprechende T-Shirts, und dieses Jahr schenkten die Verwandten aus Texas uns zwei passende Fahrzeuge dazu.

Ich beschloss, dass es an der Zeit war, herauszufinden, ob Alice Bee wirklich das Zeug zur erfolgreichen Rennfahrerin hat. Also setzten wir ein 500-Runden-Rennen rund um die Kücheninsel an.

Leider endete das Rennen schon nach der 50. Runde, als wir bemerkten, dass die beste Mutter der Welt den gesamten Sieges-Champagner vorzeitig leergetrunken hatte.

TAG 462

Seit unserem Küchenrennen ist Alice Bee ganz versessen aufs Fahren. Für mich ist das gut, denn so sitzt sie jeden Tag stundenlang auf ihrem kleinen Auto und lässt mir mehr Zeit, um mich dem Sportteil zu widmen.

Heute Morgen hörte ich ein lautes Krachen aus dem Wohnzimmer. Offensichtlich hatte Alice Bee versucht, die Treppe hinunterzufahren, was ihr eine Platzwunde über dem linken Auge eingebracht hatte.

Da die Notrufzentrale nicht mehr auf meine Anrufe reagiert (lange Geschichte), nahm ich die Sache selbst in die Hand und suchte eilig ein paar von Jens Nähutensilien zusammen.

Was das Gute an Trinksaugern, die relativ wenig Flüssigkeit durchlassen, ist? Damit kann man einem Kleinkind genau die richtige Menge Whiskey zuführen, um es während einer Operation ruhig zu halten. Fünf Minuten später war Alice Bee wiederhergestellt und nüchtern genug, um den Alkoholtest zu bestehen und sich wieder hinters Steuer zu setzen.

TAG 469

Heute Morgen wies Jen mich an, doch endlich die Terrasse fertigzubauen, die ich in den Anfangstagen unserer Ehe begonnen hatte. Ich verstehe gar nicht, worüber sie sich aufregt – acht Jahre sind doch ein angemessener Zeitraum für ein Projekt dieses Umfangs.

Ein Teil des Problems ist wohl, dass ich mich immer vor den Hämmerarbeiten gedrückt habe, hauptsächlich, weil eine Aufgabe, für die man beide Hände braucht, nicht mit einer Tasse Kaffee in der Hand erledigt werden kann. Doch jetzt, wo Alice Bee die Nägel halten kann, komme ich sehr gut voran.

TAG 470

Ostern! Eines meiner Lieblingsfeste – es gibt Schokoladenosterhasen, cremegefüllte Eier, Jelly Beans und köstliche, wunderbare Pralinen. Ich kann immer kaum erwarten, was Jen (ich meine, der Osterhase) mir alles bringt.

Meine Überraschung war groß, als ich heute Morgen nach unten lief und feststellen musste, dass der Osterhase dieses Jahr nur Alice Bee Süßigkeiten dagelassen hatte. Für mich gab es nur ein einziges Creme-Ei, mit der nicht sonderlich einfühlsamen Nachricht: »Frohe Ostern, mein Pummelhäschen!«

Zum Glück konnte ich Alice Bee davon überzeugen, dass sie einen Vorkoster für ihre Süßigkeiten brauchte, der überprüfte, ob sie essbar waren. Ich erklärte ihr, bei Süßigkeiten, die ein eierlegender Hase bringt, könne man nie vorsichtig genug sein.

TAG 477

An diesem Wochenende haben wir unseren ersten Familien-Campingausflug gemacht – eine perfekte Gelegenheit für Alice Bee und mich, die Bindung zwischen uns zu vertiefen.

Um diese neue Erfahrung gebührend zu zelebrieren, beschloss ich, dass es nun an der Zeit war, Alice Bee selbst ein Feuer entfachen und sie Fleisch grillen zu lassen. Obwohl sie darum bettelte, große Burger machen zu dürfen, entschieden wir uns bei ihrem ersten Versuch zunächst einmal für die passenderen Mini-Hamburger.

Ich muss zugeben, dass mir Tränen in die Augen traten, als meine Tochter mir den ersten, perfekt verkohlten Burger auf den Teller legte. Doch das lag vermutlich am Rauch.

TAG 481

Jen ist auf Dienstreise. Ihre letzten Worte, bevor sie ins Taxi stieg, lauteten: »Vergiss dieses Mal *nicht*, die Katzen zu füttern.« Dabei war ich davon ausgegangen, dass Elliott und Katje sich von Eidechsen, Mäusen und Vogelküken ernährten.

TAG 482

Nachdem ich kaum Schlaf bekommen hatte, weil vor meiner Schlafzimmertür wie wild gemaunzt und nach »Fühschück« gerufen wurde, quälte ich mich schließlich aus dem Bett, auch wenn es erst 10 Uhr war. Schläfrig füllte ich schnell die jeweiligen Schüsseln und setzte mich, um endlich eine Tasse Kaffee trinken zu können. Wie ähnlich sich diese Dinger doch alle sehen!

TAG 483

Okay, jetzt habe ich den Dreh raus. Durch Namensschilder auf den drei Schüsseln wird die tägliche Fütterung zu einem Kinderspiel.

TAG 490

Ich habe immer schon davon geträumt, mir zu Hause Bananas Foster, den berühmten Nachtisch aus meiner Heimat, zuzubereiten, doch bisher habe ich es noch nie versucht – vor allem, weil das Flambieren, ähnlich wie das Hämmern, über einen längeren Zeitraum hinweg den Gebrauch beider Hände verlangt, was meinen Kaffeekonsum gravierend einschränken würde.

Doch jetzt, da Alice Bee schon Erfahrung mit dem Kochen über der offenen Flamme hat und dank unserer häuslichen Notoperation auch weiß, wie man mit einer Schnapsflasche umgeht, sind wir wohl endlich so weit, uns diese Köstlichkeit zubereiten zu können. Alice Bee hat zwar noch nie Rum probiert, aber sie steht auf Bananen und braunen Zucker, daher bin ich mir sicher, dass sie ausflippen wird, wenn sie diese Speise probiert.

TAG 498

Gestern Abend erwischte Jen Alice Bee wieder dabei, wie sie mit dem Toaster spielte. Nach einer weiteren dreißigminütigen Predigt darüber, dass mein Versprechen, das Haus kindersicher zu machen, jetzt »zehn Monate überfällig« sei, wies Jen mich schließlich an, Alice Bee zumindest beizubringen, dass der Toaster kein Spielzeug ist.

Ich beherzigte diese Aufforderung und zeigte Alice Bee heute Morgen gewissenhaft, wie man den Toaster anschließt, Brot hineinsteckt, und sogar, wie man jede Scheibe mit Butter bestreicht, wenn sie hochpoppt.

Ich war davon ausgegangen, dass ihr das gefallen würde, aber ich hatte nicht geahnt, wie ernst sie diese Aufgabe nahm. Anscheinend verlangt ihr Qualitätsanspruch, jede Scheibe vorzukosten, bevor sie sie auf den Teller legt. Ich weiß nicht, woher sie das hat.

TAG 504

Heute beschloss ich, Alice Bee müsse mal wieder daran erinnert werden, dass sie meine Autorität zu respektieren hat. Da *Over the Top* zu ihren Lieblingsfilmen mit Sylvester Stallone gehört, glaubte ich, Armdrücken wäre der beste Weg, um das klarzustellen. Und ich freue mich, mitteilen zu können, dass ich drei von fünf Runden gewonnen habe, woraufhin Alice Bee widerwillig zugeben musste, dass ihr alter Vater immer noch der Stärkere ist.

Ich war so begeistert von meinem Sieg, dass ich die Kommandostruktur unseres Haushalts sogar in einem Diagramm festhielt, mit mir an der Spitze. Allerdings glaube ich, dass Jen nicht versteht, was es darstellen soll, da sie es jedes Mal auf den Kopf dreht, wenn ich es ihr zeige.

TAG 527

Jen hat es satt, jedes Mal neue Kleidung kaufen zu müssen, wenn Alice Bee und ich gebügelt haben. Daher haben wir die Aufgaben getauscht, und ich bin diese Woche mit dem Rasenmähen dran.

Dank traumatischer Erfahrungen in meiner Kindheit weiß ich, dass ein Benzin-Rasenmäher definitiv nichts ist, womit ein 18 Monate altes Kind umgehen kann. Deshalb war ich heilfroh, als ich feststellte, dass unser Rasenmäher mit Strom betrieben wird. Elektrische Geräte bedient Alice Bee jetzt schon seit Monaten, also sollte diese neue Maschine keine große Herausforderung für sie darstellen.

Es war ziemlich heiß heute, und Alice Bee verbrachte einen Großteil des Vormittags mit Rumgeheule und Verzögerungstaktiken. Bis ich schließlich ein Machtwort sprach und ihr erklärte, sie würde keine Milch bekommen, bevor der Rasen perfekt aussähe. Das bekam sie schließlich auch hin, aber erst, als ich schon den letzten Tropfen Milch für meinen Kaffee gebraucht hatte. Ich glaube, Alice Bee hat heute eine wertvolle Lektion gelernt: Wie wichtig es ist, Aufgaben rechtzeitig zu erledigen.

TAG 532

Letzte Woche ist mir aufgefallen, dass Alice Bee nach dem Rasenmähen echt platt war. Ich weiß, dass Jen immer davon redet, dass sie »Elektrolyte braucht«, nachdem sie im Fitnessstudio war, daher sollte ich das vielleicht auch bei zukünftigen Gartenarbeiten von Alice Bee in Betracht ziehen.

Ich war mir nicht ganz sicher, was Elektrolyte sind, aber ich hatte gehört, dass Gesundheitsfanatiker sogenannte »Smoothies« trinken, also war das wohl ein guter Anfang. Eine schnelle Internetrecherche ergab, dass Smoothies nichts anderes sind als Obst, das in den Küchenmixer geworfen wird, was mir das perfekte Stärkungsmittel für ein obstbesessenes Kind zu sein schien. Außerdem hätten wir beide Spaß daran, wenn Alice Bee lernte, mit einem Mixer umzugehen.

Ich war der Meinung, die violetten Spritzer an der Decke brächten ein bisschen Farbe in den Raum, aber Jen fand das Ergebnis unseres Versuchs nicht ansatzweise so lustig wie Alice Bee und ich.

TAG 539

Schlimme Neuigkeiten – mein Lieblingskaffeebecher ist verschwunden! Ich habe ihn überall gesucht und kann ihn nirgends finden.

Und was noch schlimmer ist: Alice Bee hat den ganzen Vormittag über Bauchschmerzen geklagt, sodass ich die Suche nach dem Becher aussetzen muss, bis ich weiß, was sie hat. Sie hat in letzter Zeit *sehr* viele Smoothies getrunken, daher gehe ich davon aus, dass einfach ein paar schlechte Früchte dabei waren.

Die einzige gute Nachricht ist, dass ich jetzt endlich mein brandneues Heimröntgenset ausprobieren kann, das ich bei einer spätabendlichen Teleshopping-Sendung bestellt habe. Jen hat sich zu dem Zeitpunkt über mich lustig gemacht, aber wenn ich uns dadurch erst mal hohe Arztrechnungen erspare, wird ihr das Lachen schon vergehen.

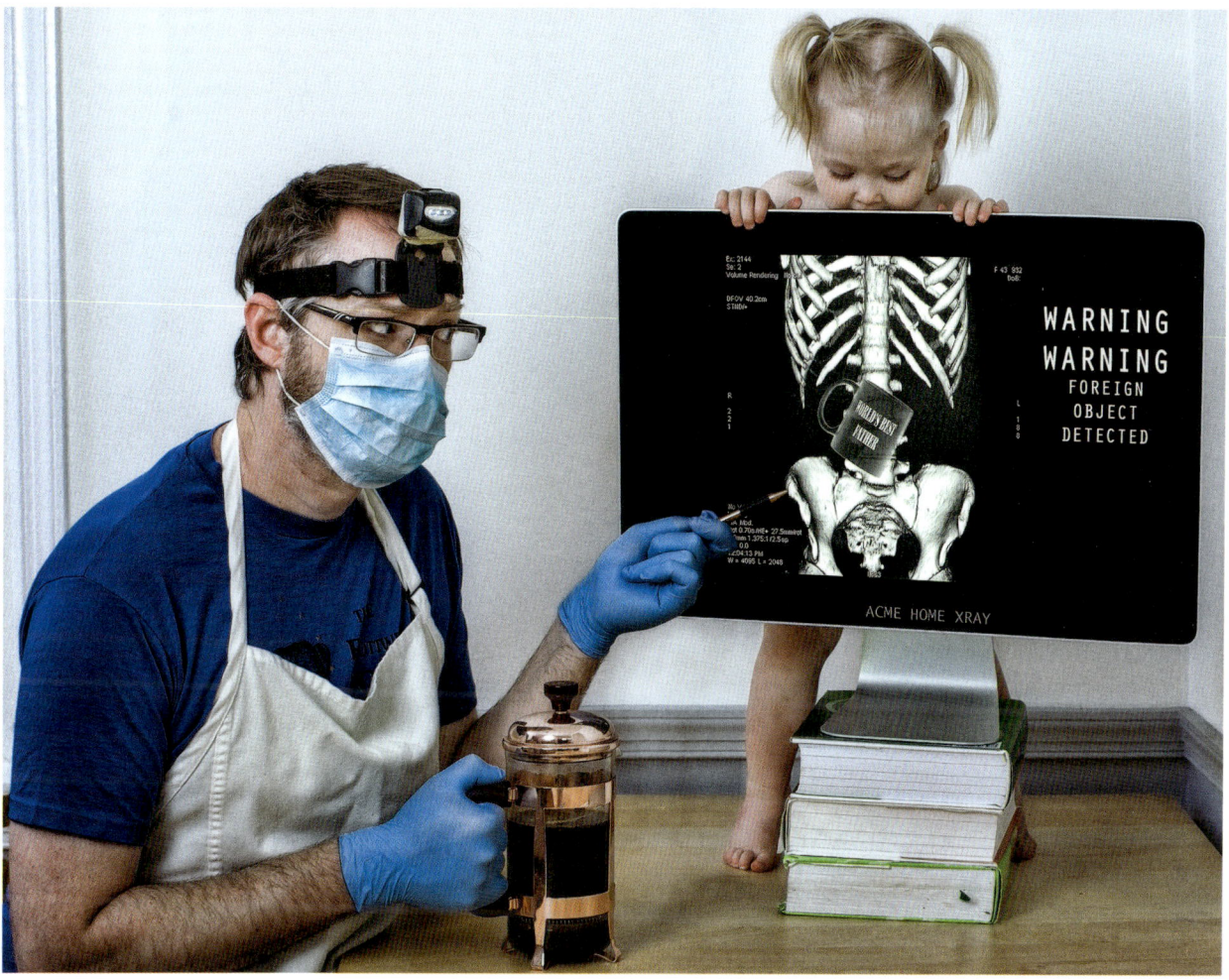

TAG 546

Heute ist Vatertag! Alice Bee hat mich mit einem Frühstück im Bett überrascht. Pfannkuchen, Ahornsirup, sogar eine Kanne frischer Kaffee – sie hat wirklich alles umgesetzt, was ich ihr in den letzten 18 Monaten beigebracht habe.

Erst nachdem ich mich mit Essen vollgestopft hatte, überreichte Alice Bee mir eine Karte von Jen, in der stand: »Alles Gute zum Vatertag. Ich wollte dich nur daran erinnern, dass meine einjährige Stationierung in Seoul heute begonnen hat, was bedeutet, dass du in der Kommandostruktur unseres Haushalts einen Platz aufgestiegen bist. Herzlichen Glückwunsch und viel Erfolg!«

Jippie. Vatertag ist toll.

TAG 555

Seit Jens Abreise sind neun Tage vergangen. Das ist jetzt offiziell der längste Zeitraum, den Alice Bee und ich je allein miteinander verbracht haben, aber ich glaube, es läuft ganz gut. Gestern haben wir Rippchen gemacht. Und am Tag davor Rippchen … und am Tag davor auch … und am Tag davor … und am Tag davor … und am Tag davor … und am Tag davor … und am Tag davor.

Das schafft eine tiefe Vater-Tochter-Bindung zwischen uns – es ist schön zu sehen, dass Alice Bee genauso gern Grillfleisch mag wie ihr Vater.

TAG 566

Von all den Aufgaben, die ich während Jens Abwesenheit übernehmen muss, besteht die größte Herausforderung darin, Alice Bee jeden Morgen für den Kindergarten fertig zu machen. Ein sich windendes, stures, 20 Monate altes Kind anzuziehen ähnelt dem Versuch, bei einem Wirbelsturm an Deck eines Schiffes einen Salzstreuer durch die Löcher an der Oberseite zu befüllen, während eine Horde kreischender Brüllaffen versucht, einem die Kleider vom Leib zu reißen.

Der Grund für diesen täglichen Willenskampf sind meist unsere unterschiedlichen kreativen Auffassungen. Ich meinerseits bin der Überzeugung, Alice Bee sollte etwas anziehen, wenn sie in den Kindergarten geht. Alice Bee hingegen meint, Kleidung sei etwas für Trottel. Ich finde, sie sollte *zwei* Socken tragen (eine an jedem Fuß); Alice Bee hält eine Socke für ausreichend.

Doch mittlerweile haben wir einen Kompromiss gefunden. Ich besteche sie mit Süßigkeiten ihrer Wahl, und sie lässt mich widerwillig ein Kleidungsstück für sie auswählen. Den Rest darf sie dann selbst aussuchen.

TAG 574

Ich bin immer sehr gewissenhaft, wenn es darum geht, mein schmutziges Geschirr in die Spüle zu stellen – ich weiß, das ist nötig, damit es wieder sauber wird. Auch Alice Bee habe ich das nachdrücklich eingetrichtert, da ihre Mutter nicht da ist, um ihr hinterherzuräumen. Das Seltsame ist, dass wir beide in dieser Hinsicht sehr aufmerksam sind, seitdem Jen nach Seoul geflogen ist, doch jeden Morgen, wenn wir aufwachen, steht das Geschirr *immer noch* in der Spüle, dreckiger denn je.

Als ich dieses Phänomen gestern bei einem Videochat Jen gegenüber erwähnte, verdrehte sie nur die Augen und sagte: »Was glaubst du denn, wie das Geschirr sauber wieder im Schrank landet, nachdem du es in die Spüle gestellt hast?« Ich hoffte, sie würde die Frage auch beantworten, doch die Verbindung muss schlecht gewesen sein, da der Bildschirm schwarz wurde und Jen nicht mehr reagierte, als ich danach noch mehrmals versuchte, sie zu erreichen.

Glücklicherweise entdeckte Alice Bee heute Morgen beim Spielen unter der Spüle etwas, das wie Abwaschutensilien aussah. Sie übernahm das Schrubben, ihr Papa die Qualitätskontrolle – wir waren ein tolles Team.

TAG 580

Alice Bee liebt Pizza-Abende. Und seit Jen weg ist, habe ich ihr alles beigebracht, was man über die Zubereitung wissen muss. Letzte Woche zeigte ich ihr, wie man den Teig durch die Luft schleudert und Tomatensoße selbst macht, und in der Woche davor hat sie gelernt, wie man die Pizza mit dem Brotschieber schnell in den Ofen und wieder heraus befördert.

Heute Abend wollen wir am Servieren arbeiten – ich weiß, dass Alice Bee total gespannt darauf ist, endlich den glänzenden Pizzaschneider zu benutzen (oder, wie sie es nennt, das »Messerrad«), der sie immer schon fasziniert hat.

TAG 588

Anfang der Woche hat Alice Bee mit mir gewettet, dass ich nicht zu einem sogenannten »Grand jeté« in der Lage bin – auf den Gewinner warteten entweder fünf Becher eingelegte Früchte oder fünf Abende protestfreies Ins-Bett-Gehen. Obwohl ich keine Ahnung hatte, wovon sie redete, bin ich die Wette sofort eingegangen; seit Jen weg ist, kommt es jeden Abend zur Schlafenszeit zu stundenlangem Brüllen, Treten und Heulen – und Alice Bees Benehmen lässt auch zu wünschen übrig.

Wie sich herausstellt, ist ein »Grand jeté« irgendeine ziemlich komplizierte Ballettübung. Ich weiß, dass die richtige Ausrüstung und Vorbereitung entscheidend sind, daher habe ich mir das beste Handbuch und ein perfektes Ballett-Outfit besorgt.

Die Ballerino-Posen sind nicht so einfach, wie sie aussehen, vor allem, weil ich ein wenig aus der Form bin. Die gute Nachricht ist, dass Alice Bee die optimale Größe hat, um mir beim Training zu assistieren. Die fünf Abende protestfreies Ins-Bett-Gehen sind mir sicher!

TAG 593

Ich habe beschlossen, dass Alice Bee endlich eine Sportart erlernen sollte. Und da bis zu den Olympischen Spielen in Rio nicht mehr viel Zeit bleibt, muss sie ihre Höhenangst jetzt wirklich einmal überwinden, wenn sie es irgendwie ins Turmspringerteam für 2016 schaffen will.

TAG 595

Als Jen von dem Wasserschaden hörte, den unsere Turmspringversuche verursacht haben, verbot sie mir ausdrücklich, Alice Bee weiter im Haus trainieren zu lassen. Nun müssen wir eine andere Sportart für Alice Bee finden, da der örtliche Turmspringerverein meint, sie sei »zu jung« für den Sprungturm.

TAG 600

Wir haben eine neue Sportart! Alice Bee hat Anfang der Woche beim Spielen eine alte Langhantel im Keller gefunden, und jetzt trainieren wir schon seit fünf Tagen das Stoßen. Ich bin mir ziemlich sicher, dass Jen diese neue Entwicklung gutheißen wird. Schließlich muss ich bei dieser neuen Sportart nicht mehr auf unser gemeinsames Konto zugreifen, um sie zu finanzieren, und da sie nichts mit Wasser zu tun hat, sollte unser Parkett keinen weiteren Schaden nehmen.

TAG 614

Als ich Alice Bee heute vom Kindergarten abholte, war eine der Erzieherinnen extrem verärgert und informierte mich darüber, dass Alice Bee beim Spielen mehrfach den Ausdruck »Aa-Kind« verwendet und eine der Erzieherinnen sogar eine »Müllabfuhrtante« genannt habe. Mit vorwurfsvollem Blick schlug die Erzieherin vor, dass es für Alice Bee das Beste wäre, wenn wir zu Hause ein »Fluchglas« einführten.

Da ich noch nie etwas von einem »Fluchglas« gehört hatte, musste ich es erst einmal im Internet recherchieren. Anscheinend handelt es sich dabei um so ein New-Age-mäßiges Konzept, das in den letzten Jahren erfunden wurde, um *Eltern* davon abzuhalten, vor ihren Kindern zu fluchen. Wie bitte?

Ich musste mir in meiner Kindheit ständig den Mund mit Seife ausspülen, weil ich fluchte, und jetzt soll ich als Erwachsener jedes Mal, wenn ich ein Schimpfwort benutze, eine Strafe an mein Kind zahlen? Das ist verdammt ungerecht.

TAG 634

Jen setzt mir ständig zu, mehr Sport zu treiben, während sie weg ist, und damit fange ich heute an. Alice Bee verbringt viel Zeit im Keller und hat mich heute Morgen darauf gebracht, dass dort unten ein altes Trimm-Dich-Rad steht. Das ist perfekt, denn so brauche ich kein Geld für ein Fitnessstudio zu bezahlen, obwohl wir alle wissen, dass ich nur ein paar Wochen lang hingehen werde, bis Jen das Ganze wieder vergessen hat.

Mir war nicht klar gewesen, wie sehr Alice Bee gewachsen ist – sie ist jetzt groß genug, um der perfekte Trainingspartner zu sein. Wir sind heute nicht nur 25 Kilometer geradelt, ich konnte währenddessen sogar Alice Bees berühmte Hähnchenschenkel und ein leckeres Bier genießen. Möglicherweise habe ich endlich eine Sportart gefunden, die ich weiterverfolgen kann, und Jen wird von den vielen virtuellen Kilometern auf dem Tacho sicher begeistert sein.

TAG 641

In den vergangenen Wochen sind jede Nacht auf mysteriöse Art und Weise Kekse aus der Keksdose verschwunden. Heute Morgen ist es mir wie Schuppen von den Augen gefallen, als ich die lokalen Polizeinachrichten las. Zu meiner Enttäuschung erfuhr ich dort, dass die Polizei immer noch keine Spur im Fall des Einbrechers hat, der in unserer Nachbarschaft umgeht. Da wurde mir plötzlich klar: Dieser Einbrecher steckt auch hinter den Keksdiebstählen!

Nach fünf Stunden vergeblichen Versuchen, auf der örtlichen Polizeiwache jedem, der zuhörte, meine Theorie darzulegen, habe ich jetzt beschlossen, die Sache selbst in die Hand zu nehmen, indem ich nach Hinweisen suche, die meine Theorie untermauern. Ich war etwas überrascht, dass Alice Bee mich nicht auf die Polizeiwache begleiten wollte, doch ich bin mir sicher, sie wird richtig stolz auf ihren Vater sein, wenn der genügend Beweise gesammelt hat, um den Einbrecher endlich hinter Schloss und Riegel zu bringen.

TAG 648

Alice Bee hat in den vergangenen Monaten ohne mein Wissen unsere Familienfotos online gestellt. In der letzten Woche wurden die Bilder anscheinend plötzlich zu einem Riesenerfolg und sind jetzt von Leuten auf der ganzen Welt angeklickt worden.

Die Sache nahm solche Ausmaße an, dass Alice Bee und ich vor ein paar Tagen in die *Today Show* eingeladen wurden. Matt und Savannah zu treffen war ziemlich cool, doch Alice Bees ständige Versuche, während der Live-Show von der Bühne zu fliehen, waren unserem Auftritt ein wenig abträglich.

Jetzt, da wir wieder aus New York zurück sind, lasse ich Alice Bee das Video von ihrem Auftritt gucken und sie einen 500 Wörter langen Aufsatz dazu verfassen, wie man sich im Fernsehen zu verhalten hat.

TAG 655

Seit Alice Bees Geburt verbringe ich erschreckend wenig Zeit mit meinen cooleren (d.h. kinderlosen) Freunden. Stattdessen verwende ich nun einen Großteil meiner freien Zeit auf die Verabredungen von Alice Bee.

Verabredungen sind ätzend. Die Kinder ignorieren oder streiten sich letzten Endes ohnehin immer, und es sind keine coolen (d.h. kinderlosen) Leute zum Reden da.

Gut, dass ich einen Plan entwickelt habe, der das ändern wird: Fight-Club-Verabredungen! Da die Verabredungen der Kinder sowieso in irgendeiner Weise zu bösem Blut führen, kann man schließlich auch Profit daraus schlagen und die Sache dadurch etwas interessanter gestalten.

Wenn Alice Bee jetzt anfängt, sich zu langweilen und einen Streit zu provozieren, muss ich mich nicht mehr bei den anderen Eltern entschuldigen, sondern kann stattdessen ihr Geld entgegennehmen. Und was am wichtigsten ist: Meine coolen Freunde kommen wieder vorbei.

TAG 663

Alice Bees jüngstes Interesse daran, »wir tun so, als wenn…« zu spielen, hätte zu keinem besseren Zeitpunkt kommen können. Sie will immer spielen, wir hätten ein Geschäft, und ich brauche jemanden, der sich während Jens Abwesenheit um meine Füße kümmert.

Das »Fußpflegestudio«-Spiel ist vielleicht das beste, das ich je erfunden habe. So bekomme ich nicht nur die lange überfällige Behandlung, sondern kann sie sogar mit Spielgeld bezahlen. Perfekt in jeder Hinsicht.

Heute lief der erste Versuch dieses Spiels, und ich muss sagen, Alice Bee hat sich ganz wunderbar um meine Hornhaut gekümmert. Ich habe allerdings noch leichte Zweifel an ihrer Nagellackwahl.

TAG 669

Zu den schlimmsten Aspekten des Alleinerzieher-Daseins gehört der absolute Mangel an Privatsphäre und Zeit für mich allein. Es ist, als verfüge Alice Bee über einen sechsten Sinn – eine unerklärliche Fähigkeit, mein Bedürfnis, allein zu sein, zu spüren, und ein Brieftauben-ähnliches Geschick, meinen exakten Aufenthaltsort zu lokalisieren.

Selbst meine geheiligten morgendlichen Ausflüge ins »Lesezimmer« werden zwangsläufig von einem Hämmern an der Tür und »Daddy, ich mu-uss!«-Rufen gestört. Zum Glück zeigen meine Lektionen zum Thema Teilen langsam Wirkung, und Alice Bee ist völlig zufrieden damit, ihr Geschäft auf dem Oberdeck zu erledigen.

TAG 691

Ich mag den Herbst: College-Footballspiele, die wunderbar klare Luft, die traumhaften Farben des Laubes und College-Footballspiele.

Der einzige Nachteil ist, dass das ganze Laub auch zusammengefegt werden muss – normalerweise kümmert Jen sich darum, während ich Football gucke, doch dieses Jahr ist sie nicht da. Zum Glück habe ich jetzt ein kleines Helferlein, das mir bei solchen Tätigkeiten zur Hand gehen kann.

Alice Bee hat sich total gefreut, als wir heute im Baumarkt einen Kinderrechen entdeckt haben, und sie hatte großen Spaß daran, riesige Laubhaufen aufzutürmen. Etwas frustrierend fand sie allerdings, dass irgendjemand in der Football-Halbzeit in die einladendsten Haufen hineingesprungen ist, doch das gehört zu den Freuden des Herbstes.

TAG 701, TEIL 1

Es ist Thanksgiving und somit mal wieder an der Zeit, enorme Mengen Truthahn zuzubereiten und zu verschlingen. Alice Bee hat mich seit Wochen bekniet, etwas anderes als unseren traditionellen geräucherten Truthahn auszuprobieren, also gab ich schließlich nach und erlaubte ihr, von ihrem Taschengeld eine Truthahn-Fritteuse zu kaufen. Kenneth, mein Landei-Bruder zu Hause in Texas, macht es jedes Jahr so. Wie schwer kann es also sein?

Beim Aufbau der Fritteuse hat Alice Bee ganze Arbeit geleistet, während ich drinnen Football schaute, doch ein paar Kleinigkeiten waren dennoch zu beanstanden – zum einen hatte sie die Fritteuse nicht bis zum Rand mit Erdnussöl gefüllt, zum anderen erwischte ich sie im Verlaufe des Tages dabei, den Truthahn auftauen zu wollen. Dabei weiß doch jeder, dass der Geschmack am besten erhalten bleibt, wenn man das tiefgefrorene Viech direkt im blubbernden Öl versenkt.

TAG 701, TEIL 2

Okay, Alice Bee hatte recht. Wir hätten den Truthahn erst auftauen sollen. Und woher soll ich wissen, dass es alles nur noch schlimmer macht, wenn man Wasser auf brennendes Fett gießt? Zum Glück hatte Alice Bee ihren Feuerlöscher parat und konnte die Flammen schnell ersticken.

TAG 726

Übermorgen fliegen wir nach Seoul und besuchen Jen! Alice Bee freut sich schon riesig und hat vorgeschlagen, dass wir eine Art Kunstprojekt anfertigen sollten, um es Mama als Geschenk mitzubringen.

Nach langen Diskussionen entschieden wir uns schließlich für Selbstporträts aus Glitzerfarbe. Ich muss sagen, dass ich befürchte, Alice Bees Selbstbewusstsein könnte einen Knacks erleiden, wenn ich mein Meisterwerk enthülle. Ich bin mir zwar sicher, dass Jen so tun wird, als fände sie die kindlichen Versuche von Alice Bee, etwas auf die Leinwand zu bringen, total toll, doch ich laufe zu Höchstform auf, wenn es um Kunstprojekte geht, und bin ein ausgezeichneter Glitzerfarbenvirtuose.

TAG 728

Alice Bee und ich sind heute in Seoul angekommen, wo Jen uns am Flughafen abholte. Als ich sie fragte, ob in ihrem Armeezelt eigentlich wirklich genug Platz für mich und Alice Bee sei, erinnerte sie mich daran, dass wir hier nicht bei M*A*S*H waren, sondern in ihrem modern eingerichteten Appartement mitten im Stadtteil Itaewon wohnen würden.

So sehr Alice Bee sich auch freute, ihre Mama wiederzusehen und zu erfahren, dass wir ein Dach über dem Kopf haben würden, war sie dennoch ziemlich enttäuscht über unseren Wohnort – ich glaube, sie hatte heimlich gehofft, er befände sich im Stadtteil Gangnam, aus dem ihr Lieblingstanz kommt.

TAG 734

Dieses Jahr Weihnachten hat meine Mutter sich selbst übertroffen. Sie hat nicht nur herausgefunden, wie man die Geschenke an Jens Wohnung in Seoul schicken lassen kann, sondern traf mit dem, was sie für unsere Familie ausgesucht hatte, voll ins Schwarze.

Für Alice Bee und mich gab es ein geniales Paar »World's Best«-T-Shirts. Wir werden so cool aussehen, wenn wir zusammen in Seoul unterwegs sind!

Jen, für die man nur schwer etwas findet, schien anfangs nicht so begeistert von ihrem Geschenk, doch ihre Laune besserte sich ein wenig, als ich ihr vor Augen führte, dass es nichts gibt, was deutlicher »Beste Schwiegertochter der Welt« sagt als ein Paar Baumwollsocken.

TAG 735

Nach Alice Bees verunglücktem Versuch im Frühjahr, die Treppe hinunterzufahren, hatte Jen ihr Fahrzeug konfisziert und Alice Bee erklärt, sie müsse
warten, bis sie älter sei.

Es brach mir das Herz, wie unglücklich Alice Bee ohne ihr Auto war,
doch da Jen mir damit drohte, *mein* Auto ebenfalls zu beschlagnahmen,
wenn ich Alice die Schlüssel gab, waren mir die Hände gebunden. Zum
Trost suchten wir im Internet ein paar alte Evel-Knievel-Videos, die sich
Alice Bee in den letzten sechs Monaten wie besessen immer und immer
wieder angesehen hat.

Die großartige Neuigkeit ist, dass Jen anscheinend vom Geist der Weih-
nacht angesteckt wurde: Sie kaufte Alice Bee ein nagelneues, fußbetriebe-
nes Dreirad – perfekt, um damit über den beheizten Boden des Seouler
Appartements zu heizen. Alice Bee nahm mich beiseite und erklärte mir,
sobald Jen am Montag zur Arbeit ginge, bräuchte sie meine Hilfe, um ein
paar »Evel BeeNievel«-Stunts einzuüben. Ich kann es kaum erwarten!

TAG 737

Auf die Schärfe des Essens hier in Seoul war ich absolut nicht vorbereitet.

Als ich Alice Bee heute zum Beispiel darum bat, mir Mittagessen zu machen, stellte sie aus den Zutaten in Jens Vorratskammer schnell eine Mahlzeit zusammen: scharfes Kimchi, Pepperoni mit *ssamjang*-Dip und eine Schüssel Instantnudeln.

Es war köstlich, doch Jen war ziemlich sauer, als sie bei ihrer Rückkehr feststellte, dass wir eine Wochenration Trinkwasser aufgebraucht hatten.

TAG 738

Das Beste an Jens Wohnung in Seoul? Die abgefahrene Toilette mit all den blinkenden Lichtern und den ganzen geheimnisvollen Knöpfen.

Das Schlimmste an Jens Wohnung in Seoul? Die abgefahrene Toilette mit all den blinkenden Lichtern und den ganzen geheimnisvollen Knöpfen.

TAG 743

Gestern Abend ist Jen durchgedreht, als sie Alice Bee auf der Arbeitsplatte sitzen sah, direkt neben der brutzelnden Pfanne mit *bulgogi*, das es zum Abendessen geben sollte. Sie weigerte sich, mir auch nur zuzuhören, als ich ihr versicherte, dass wir zu Hause schon seit Monaten so kochten.

Anfangs glaubte ich, dieses völlig willkürliche und unnötige Verbot würde Alice Bee daran hindern, bei der Essenszubereitung zu helfen, doch heute Morgen beim Frühstück verstand ich endlich, warum Jen Alice Bee von der Arbeitsfläche verbannt hatte – die Dunstabzugshaube ist ein *viel* sicherer Platz für sie.

Unsere Eier enthielten heute Morgen etwas mehr Schale als sonst, doch ich bin mir sicher, dass Alice Bee nach ein paar Mahlzeiten herausgefunden haben wird, wie sie aus dieser neuen Position am besten helfen kann.

TAG 744

Während unseres Aufenthalts hier in Seoul machen Jen und Alice Bee oft Yoga. Jeden Tag nehmen die beiden zusammen seltsame Tierposen wie den »herabschauenden Hund« ein, die so unmöglich aussehen, dass ich schon vom Zugucken Rückenschmerzen bekomme.

Doch Alice Bees offenkundige Begeisterung für diese Sportart und die gemeinsame Zeit, die sie und Jen dadurch täglich miteinander verbringen, weckten meine Neugierde. Daher habe ich mir heute ein paar Übungen von Alice Bee zeigen lassen.

Wie sich herausstellte, ist Yoga gar nicht so schwer. Am Ende unserer Stunde war ich so weit, dass ich selbst Figuren erfand, darunter auch eine unverkennbare Übung, die ich mir patentieren lassen will – das einhändige Glühwürmchen.

TAG 747

Hier in Seoul ist es noch schwieriger, Alice Bee ins Bett zu bringen, als zu Hause. Nicht nur, weil die Zeitverschiebung ihr zusetzt, sondern auch, weil der Übergang zum Bett »für große Mädchen« bedeutet, dass sie nun ziemlich leicht flüchten kann.

Der heutige Abend war furchtbar. Nach sechs Ausflügen zum Klo, drei Betthupferln, sieben vorgelesenen Büchern (einschließlich des ersten Game-of-Thrones-Romans in der ungekürzten Fassung) war Alice Bee immer noch weit davon entfernt, einzuschlafen.

Ich hoffte, etwas warme Milch könne sie beruhigen, doch wir hatten keine mehr. Ich fand nur eine grüne Flasche, auf der *makgeolli* stand, was ich für das koreanische Wort für »Milch« hielt. Ich füllte Alice Bee ein großes Fläschchen davon ab, und sie war ruckzuck eingeschlafen.

Später erfuhr ich, dass *makgeolli* ein alkoholisches Getränk aus gegorenem Weizen und Reis ist, wodurch es aussieht wie Milch. Von jetzt an dürfte das Ins-Bett-Bringen ein Kinderspiel sein!

TAG 751

Ich habe mich endlich an die Schärfe des Essens hier gewöhnt und bin jetzt geradezu süchtig nach Kimchi.

Heute hatte ich mir eine Überraschung für Alice Bee überlegt. Ich kaufte uns einen nagelneuen Kimchi-Topf und alles, was man braucht, um Kimchi selbst zuzubereiten.

Alice Bee stellte sich als unverzichtbare Hilfe bei der Kimchi-Herstellung heraus. Sie glänzte nicht nur darin, den Kohl und die Schalotten einzulegen, sondern ermöglichte mir auch, weder mit der stinkenden Fischsauce noch mit dem superscharfen *gochugaru* (Chilipulver) direkt in Berührung zu kommen.

TAG 755

Gestern Abend fing Jen mal wieder davon an, ich müsse darauf achten, dass Alice Bee mittags ihr Gemüse aufesse. Und als könne sie meine Gedanken lesen, fügte sie hinzu, dass Jelly Beans kein Gemüse seien und dass Ketchup, ungeachtet dessen, was die Reagan-Regierung verkündet hatte, als wir Kinder waren, in unserem Haushalt nicht als Beilage zähle.

Ich muss zugeben, dass ich in dieser Hinsicht wohl ein bisschen nachgiebig war. Alice Bee braucht mittags immer *ewig*, bis ihr Teller leer ist, vor allem, wenn Erbsen darauf liegen – ein Nahrungsmittel, das aufgrund seiner verlockend perfekten Größe und Form öfter in ihrer Nase landet als in ihrem Mund. Zudem hat ein vielbeschäftigter Mensch wie ich einfach keine Zeit, jede Mahlzeit zu einem anderthalbstündigen Kampf um das Thema Ernährung zu machen.

Die gute Nachricht ist, dass ich die Situation jetzt unter Kontrolle habe. Die Installation einer Videochat-Software auf all unseren Geräten ermöglicht mir, meine Erziehungsmethoden auf das nächste Level zu heben. Selbst wenn ich meinen Status aktualisiere oder die Sportergebnisse im Internet nachschaue, kann ich trotzdem sicherstellen, dass Alice Bee alle Erbsen isst.

TAG 758

Wenn wir im Ausland unterwegs sind, bemüht Alice Bee sich immer, sich der dortigen Kultur zu öffnen.

Statt mir die vierte Tasse Kaffee zu bringen, wie sie es zu Hause täte, besteht sie daher jetzt jeden Nachmittag darauf, die althergebrachte koreanische Tee-Zeremonie abzuhalten. Dafür kleidet sie sich sogar in *hanbok*, die traditionelle koreanische Tracht.

Anfangs war ich etwas skeptisch, doch ich muss zugeben, dass ich die Prozedur mittlerweile ziemlich entspannend finde. Alice Bee reinigt die Teeblätter sorgfältig, bevor sie sie in die Teekanne gibt und vorsichtig mit heißem Wasser aufgießt. Und die Krönung ist, dass sie mir sogar den lokalen Sportteil bringt, damit ich ihn durchblättern kann, während wir darauf warten, dass der grüne Tee auf die perfekte Temperatur abkühlt.

TAG 760

Morgen fahren Alice Bee und ich zum Seouler Flughafen, um die lange Heimreise anzutreten. Ich habe das Gefühl, dass Jen unsere Gesellschaft sehr fehlen wird, vor allem, weil sie sich demonstrativ darüber aufregt, was während unseres Aufenthalts angeblich alles falsch gelaufen ist: darüber, wie eklig und dreckig ihre Wohnung ist, wie sauer der Vermieter ist, weil wir die abgefahrene Toilette kaputt gemacht haben, und darüber, dass die ganze Wohnung nach halbfermentiertem, selbstgemachtem Kimchi stinkt. Mir ist klar, dass das nur ein Abwehrmechanismus ist, der verbergen soll, wie sehr sie uns vermissen wird.

Doch für den Fall, dass an Jens Klagen doch etwas Wahres ist, habe ich Alice Bee heute die ganze Wohnung putzen lassen, während Jen bei der Arbeit war.

TAG 772

Alice Bee und ich sind sicher zu Hause angekommen, und der Alltag ist wieder eingekehrt. Tagsüber schaut sie ihre Sendungen, abends ich meine.

Heute fand das wichtigste Football-Spiel des Jahres statt, und ich hatte mich sehr darauf gefreut, unsere Routine einmal zu durchbrechen. Das Spiel sollte um 18.30 Uhr losgehen, sodass Alice Bee und ich es zusammen schauen konnten, als Familie vor dem Fernseher. Ich verbrachte den ganzen Nachmittag mit Vorbereitungen – ich recherchierte Spielerstatistiken im Internet, legte Bier kalt und machte sogar eine Riesenschüssel Popcorn.

Um genau halb sieben setzte ich mich vor den Fernseher, bereit, mich ganz dem sportlichen Ereignis hinzugeben. Doch ich musste feststellen, dass Alice Bee gerade in eine Marathon-Ausstrahlung ihres Lieblingscartoons vertieft war und sich weigerte, umzuschalten. Nicht nur das, sie riss auch mein kalt gestelltes Bier an sich, was ihre Kampfeslust erheblich steigerte.

TAG 792

Den meisten Büchern, die Alice Bee vor dem Schlafengehen vorgelesen bekommen möchte, kann ich nichts abgewinnen. Die Hälfte von ihnen hat keinerlei erkennbare Handlung – acht Bilder von kleinen Häschen sind noch *keine* Geschichte. Oder aber die Handlung ist so unrealistisch, dass ich mich sehr anstrengen muss, um die Augen nicht zu verdrehen.

Doch es gibt ein Buch, das Alice Bee und ich beide mögen – *Mit Äpfeln zählen lernen*, eines der frühen Werke von Dr. Seuss (noch bevor er Doktor wurde). Ich finde es toll, dass darin völlig ungeniert erbitterte Wettkämpfe unter Freunden dargestellt werden. Alice Bee gefällt es, weil darin Äpfel vorkommen.

TAG 808

Ich kriege nachts keinen Schlaf mehr – Alice Bees Einschlafprobleme werden immer schlimmer, und ich habe das Gefühl, das könne in den Genen liegen. In meinen Zwanzigern gehörte ich zu denen, die fast immer bis zum Ende einer Party blieben – wenn ich nicht als Letzter ging, bestand schließlich die Gefahr, ich könnte etwas verpassen. Ich glaube, so geht es Alice Bee auch, wenn sie schlafen soll, weil sie ständig Ausreden erfindet und Gründe dafür sucht, noch nicht ins Bett zu müssen, vor allem, wenn sie weiß, dass andere Leute im Haus noch aufbleiben und sich weiter vergnügen.

Und selbst wenn ich sie endlich zum Einschlafen gebracht habe, ist der Kampf noch nicht ausgestanden. Sie hat die schlechte Angewohnheit entwickelt, mitten in der Nacht wieder aufzustehen und mich zu wecken.

Doch ich habe einen Plan: Ich bin sicher, wenn ich sie davon überzeugen kann, dass das Monster in ihrem Schrank echt ist, wird sie die ganze Nacht im Bett liegen bleiben und mich in Ruhe schlafen lassen.

TAG 823

Ich habe noch nie darauf geachtet, was in Alice Bees Butterbrotdose gehört. Alles, was ich weiß, ist, dass Alice Bee sie immer am Vorabend fertig macht und ich mich darum kümmere, dass sie sie dabeihat, wenn ich sie morgens in den Kindergarten bringe.

Gestern rief mich jedoch die Leiterin des Kindergartens an und wollte wissen, warum ich nicht auf ihre Mitteilungen bezüglich der verbotenen Ware in Alice Bees Brotdose geantwortet hätte. Als ich ihr erklärte, dass Alice Bee mir keine Nachrichten übermittelt habe, informierte mich die Leiterin darüber, dass meine Tochter *Erdnussbutter*-Sandwiches dabeigehabt habe. Das sei im Kindergarten ein Vergehen, auf einer Stufe mit Beißen und Nicht-Teilen-Wollen, da immer mehr Kinder stark allergisch auf Erdnüsse reagierten.

Also musste ich heute zum ersten Mal Alice Bees Brotdose bestücken, und ich bin mir ziemlich sicher, dass mir das richtig gut gelungen ist. Ich habe sogar dafür gesorgt, dass genügend geräucherte Jalapeños für alle ihre Freunde vorhanden sind.

TAG 837

Alice Bee entwickelt sich wirklich zu einem Küchengenie. Sie darf beim Kochen immer noch nicht auf der Arbeitsplatte sitzen (wir tun unser Bestes, Jens Regeln zu befolgen), doch das macht nichts, weil sie mittlerweile so groß ist, dass sie an die Kochplatten kommt, wenn sie auf der offenen Ofentür steht.

Diese neue Freiheit in der Küche löste eine kleine kulinarische Revolution bei uns aus. Alice Bees Detailversessenheit und ihr Perfektionsanspruch in der Küche erinnerten mich stark an mich selbst, als ich das Kochen lernte. Um es mit den Worten *meines* alten Herrn zu sagen: Der Meister fällt nicht weit vom Stamm.

Heute erlebte ich ein typisches Beispiel für Alice Bees Streben nach Vollkommenheit. Die meisten Köche wären wohl mit Pfannkuchen zufrieden, die *fast* perfekt rund sind, doch nicht so Alice Bee. Nein, sie briet, wendete und stapelte immer mehr Pfannkuchen, bis ihr einer gelang, der so rund war, dass man Pi daraus hätte errechnen können.

Als sie fertig war, saß ich vor dem höchsten Stapel Pfannkuchen, an dem ich mich je versucht hatte – wir brauchten fünf Stunden, drei Flaschen Sirup und eine ganze Packung Säureblocker, doch wir schafften alle. Und jeder einzelne war köstlich. Das Kind ist wirklich großartig.

TAG 843

Ich habe wirklich kein Problem damit, Steuern zu zahlen. Ich betrachte es als Wiedergutmachung für die Straßenschilder, die ich als Kind geklaut habe, und die (echten und vorgetäuschten) Notrufe, die ich ständig mache. Außerdem ist die Tatsache, dass ich bei jeder Auseinandersetzung mit meiner für das Militär arbeitenden Frau sagen kann: »Ach ja? Meine Steuern zahlen dein Gehalt«, Grund genug für ein fröhliches Lächeln, wenn die Steuern wieder fällig sind.

Normalerweise kümmert sich Jen um unsere Steuererklärung, doch dieses Jahr hat sich Alice Bee bereit erklärt, in Jens Abwesenheit diese Aufgabe zu übernehmen. Die tolle Nachricht: Laut Alice Bees Berechnungen müsste ich dieses Jahr eine ordentliche Rückzahlung bekommen! Mir war nicht einmal klar, dass wir Katje und Elliott als Unterhaltsberechtigte angeben können, doch Alice Bee hat das Steuerrecht eingehend studiert und schwört, das sei legal.

TAG 861

Als ich Alice Bee letzte Woche mit zur Arbeit genommen habe, sind wir an ein paar Demonstranten im Lafayette Park vorbeigekommen. Sie war völlig fasziniert und stellte mir alle möglichen Fragen, die ich ihr nicht beantworten konnte. Daher gab ich ihr den Tipp, direkt mit den Organisatoren zu sprechen, wenn sie mehr wissen wollte, und vergaß das Ganze wieder.

Heute Morgen wachte ich auf, weil vor der Haustür »Kinder wollen Rechte, keine Erbsen« gerufen wurde. Unter Anführung einer Vielzahl von Verstößen, zum Beispiel erzwungenem Mittagsschlaf und einer stündlichen Süßigkeitenquote weit unter dem gesetzlichen Mindestwert, meinte Alice Bee, der heutige Tag (der 1. Mai) eigne sich optimal, um ihre Unzufriedenheit mit der Führungsebene zum Ausdruck zu bringen.

Nach mehr als sechs Stunden Verhandlung schlossen wir schließlich einen Tarifvertrag ab, der beinhaltet, dass Alice Bee eine halbe Stunde länger aufbleiben darf, sie aber auch dazu verpflichtet, ungeachtet der Umstände jeden Morgen den Sportteil und Kaffee für mich bereitzuhalten.

TAG 865

Wie sich schon in Korea zeigte, ist es Alice Bee sehr wichtig, fremde Kulturen und ihre Traditionen zu würdigen, und das schlägt sich auch in unserem Tarifvertrag nieder: Sie bestand darauf, festzuhalten, dass wir jeden Feiertag, über den sie im Kindergarten etwas lernt, auch zu Hause feiern.

Heute Morgen zum Beispiel fiel mir auf, dass der Sportteil, den Alice Bee mir reichte, auf Spanisch war. Als ich sie danach fragte, erklärte sie mir, dass wir heute den *Cinco de Mayo* feierten.

Zum Glück ist Jen durch das Militär darauf getrimmt, auf alles vorbereitet zu sein, sodass wir immer Mayo-Vorräte auf Lager haben (ich zählte mindestens *ocho* Gläser in der Vorratskammer), und so konnte ich Alice Bees Feiertagswunsch schnell erfüllen. Doch aus irgendeinem Grund wusste sie das nicht zu schätzen und beharrte darauf, dass »Mayo« das spanische Wort für Mai sei und dass sie den Tag damit verbringen wolle, die mexikanische Kultur und ihre Traditionen auf angemessenere Art und Weise zu feiern.

TAG 879

(Mitschrift meines Chats mit Jen heute Morgen)

WBF42: Es regnet, und ich kann

OLtJEN: Zieh Alice Bee Gummistiefel an, und

WBF42: meinen Regenschirm nicht finden.

OLtJEN: sorg dafür, dass sie ihren Regenschirm dabeihat.

WBF42: Sie hat einen Regenschirm?

OLtJEN: Ja. Das ist IHRER. Der ist nicht für dich.

WBF42: Wo ist er?

OLtJEN: In ihrem Schrank. Nimm ihn NICHT für dich!

WBF42: Okay, hab ihn.

OLtJEN: Gib ihn ihr.

WBF42: Keine Sorge – der Regenschirm ist fest in ihrer Hand.

TAG 912

Da es nur noch knapp eine Woche dauert, bis Jen aus Seoul zurückkommt, genießen Alice Bee und ich die letzten Tage, bevor Jen hier nach einem Jahr wieder das Kommando übernimmt.

Wir haben alles getan, was möglich war – uns Sprühkäse direkt in den Mund gesprüht, zum Pinkeln die Klobrille hochgeklappt (ich kann nur sagen, dass Alice Bee in dieser Hinsicht echt Talent hat…), lebensgroße Schneemänner aus Sahne gebaut und nur eingelegte Früchte und Schokoladenkuchen zum Abendessen gegessen (mit einem lebensgroßen Sahne-Schneemann zum Nachtisch).

Als ich Alice Bee fragte, ob es etwas Spezielles gäbe, das sie noch vor Mamas Heimkehr tun wolle, sagte sie sofort: »Mein kleines Auto fahren!« Da Jens striktes Verbot, Alice Bee hinters Steuer zu lassen, immer noch galt, mussten wir auf ihre zweite Wahl zurückgreifen – eine ganze Packung Popcorn mit offenem Deckel poppen zu lassen. Wir hatten unglaublich viel Spaß, und da es sich um Popcorn handelte, das direkt auf der Herdplatte zubereitet werden musste, verstießen wir genau genommen auch gar nicht gegen Jens Arbeitsplatten-Regel.

TAG 918

Heute ist der große Tag! Alice Bee und ich fahren zum Flughafen, um Jen nach ihrem einjährigen Aufenthalt in Seoul abzuholen. Und zur Feier des Tages habe ich mir eine Überraschung für Jen und Alice Bee überlegt.

Ich habe Jens Regeln äußerst gewissenhaft befolgt, Alice Bee durfte ihr Spielzeugauto die ganze Zeit über nicht fahren. Was Jen nicht weiß, ist, dass ich Alice Bee mithilfe unserer Spielkonsole und dem Fahrsimulator von GTA IV heimlich das Autofahren beigebracht habe. Am Anfang war es echt schwierig, doch sie hatte die Grundlagen schnell raus und saust mittlerweile elegant durch die virtuellen Stadtteile von Liberty City.

Ich habe unser Wiedersehen schon tagelang in meinem Kopf geplant und weiß genau, wie es ablaufen wird. Wir kommen am Flughafen an, ich reiche Jen ein Bier, das ich zu diesem feierlichen Anlass auf der Rückbank kalt gelegt habe, lehne mich zurück und genieße ihre überraschte Reaktion, wenn Alice Bee einen prüfenden Blick in die Spiegel wirft und unsere wiedervereinte Familie nach Hause fährt.

DANK

Ich danke all unseren Freunden (den alten und den neuen) auf der ganzen Welt, die unsere Familie immer wieder dazu ermutigt haben, diese Bilder zu machen und zu teilen – ohne euch gäbe es dieses Buch nicht.

Außerdem danke ich: meiner Mutter, die mich immer darin bestärkt hat, albern und kreativ zu sein, meinem Fotografie-Mentor Dennis Darling, der mich vor so vielen Jahren dazu inspiriert hat, eine andere Herangehensweise an das Fotografieren der eigenen Kindern zu finden, Steve Ross, der mich während des gesamten Prozesses angeleitet und verteidigt hat, Lauren Marino, die mit uns viel riskiert hat und eine Menge zur Qualität des Endproduktes beigetragen hat, Seong Jaewoo, unserem kulturellen Berater in Seoul, und seiner Mutter Lee Myeongsuk, die Alice Bees wunderschönen *hanbok* selbst genäht hat, Sue Zola für das tolle Glitzerfarbenkunstwerk von Alice Bee, Amber Dusick für das »miese« Porträt des Vaters, und Terri Schipani und der gesamten Schipani-Familie, deren liebevolle Fürsorge für Alice Bee während Jens einjährigem Auslandsaufenthalt dafür gesorgt hat, dass wir nicht alle den Verstand verloren haben.

Fotoassistenten und -modelle: Christie Ciotola, Martha Dodge, Sophia und Willa Falvey, Lisa Gerstner, Aruna Jain, Joe Kekeris, Elijah Kodjak, Matt Morrison, Christian Norton, Karen Nussbaum, Maggie Priebe, Mary und Patrick Quinlan, Monica Samanta, Todd Speight und Suzanna Vaughan. Zum Schluss möchte ich Jen dafür danken, dass sie sowohl die beste Mutter der Welt als auch meine beste Freundin ist.